Jeunesse

Fleurs d'encre

… L'AMI CARÊME

À L'AMI CARÊME

Quatre-vingts poèmes de Maurice Carême

Illustrations :
Philippe Dumas.

Les poèmes de ce volume ont été choisis
dans les recueils suivants de Maurice Carême :

À cloche-pied	Le moulin de papier
La lanterne magique	Le mât de cocagne
La grange bleue	Mer du Nord
Du temps où les bêtes parlaient	Ma Mère
Au clair de la lune	Entre deux mondes
L'arlequin	La saveur du pain
Nouveau florilège	L'oiseleur
Petites légendes	Images perdues
En sourdine	Le sablier
Complaintes	Brabant

© Fondation Maurice Carême, 1987, 1993.
© Hachette Livre, 1993, 2003 pour la présente édition.

À L'AMI CARÊME

Balle, balle, balle au bond,
Saute jusqu'à l'horizon.

À la une, prends la prune.
À la deux, le prunier.
À la trois, le verger.
À la quatre, la dune.
À la cinq, le clocher.
À la six, le village.
À la sept, les rochers.
À la huit, les nuages.
À la neuf, l'arc-en-ciel.
À la dix, tout le ciel.

Balle, balle, balle au bond,
Tu as pris tout l'horizon.

UNE

Ronde

Dans cette ronde,
Entrez la blonde ;
Entrez la brune
Avec la lune ;
Vous, la pluie douce,
Avec la rousse ;
Vous, la châtaine,
Avec la plaine ;
Vous, la plus belle,
Avec le ciel.
J'y entre, moi,
Avec la joie.

La Marjolaine

La Marjolaine,
À la fontaine,
Astique ses petits sabots.
V'là l'Escargot
Du chemin creux
Qui en tombe amoureux.

— T'épouserais
Si tu voulais,
Ô belle Marjolaine !
T'épouserais
À la fontaine
Si ma maison te convenait.

— M'offriras-tu,
A répondu
La fine Marjolaine,
Le bel anneau
Qu'on voit dans l'eau
Quand le soleil s'y baigne ?

— Plus beaux anneaux
Que ceux de l'eau,
Ô fière Marjolaine !
Plus beaux colliers
Que ceux des reines
Te donnerai.

— Plus beaux anneaux
Que ceux de l'eau !
S'est exclamée la Marjolaine.
T'épouserai
À la fontaine,
Malgré les cornes de ton nez.

Au bois

Au bois, la tourterelle
Jamais, jamais ne mange
La belle chanterelle
Qui est couleur d'orange.

Et jamais le crapaud,
Jamais ne mangerait
Le bolet au chapeau
Couleur café au lait.

Hélas ! il y a l'homme !
Ce n'est pas d'une pomme
Qu'il se contenterait !

Il mange aussi l'airelle,
La noix, la chanterelle,
La fraise et le bolet.

Le jeu de cartes

Quel étrange jeu de cartes !
Les rois n'aiment pas les reines,
Les valets veulent combattre,
Et les dix n'ont pas de veine.

Les piques, plus pacifiques,
Se comprennent assez bien ;
Ils adorent la musique
Et vivent en bohémiens.

Les trèfles sont si distraits
Qu'ils tombent sur les carreaux.
Quand un cinq rencontre un sept,
Ils se traitent de nigauds.

Quel étrange jeu de cartes !
Le diable même en a peur
Car il s'est brûlé la patte
En retournant l'as de cœur.

Le beau cordonnier

— Jolie demoiselle,
Où donc allez-vous ?
— Danser aux chandelles
À la foire aux loups.
— Vous allez user
Vos petits souliers.
— N'êtes-vous pas là
Pour les réparer ?
— Belle que voilà,
Qui me payera ?
— Moi, beau cordonnier,
Avec mes deniers.
— Vous pourriez payer
Avec un baiser.
— Soit, beau cordonnier,
Mais alors, venez !
— Jolie demoiselle,
Où donc irons-nous ?
— Danser aux chandelles
À la foire aux loups.

Le retour du roi

Casque de fer, jambe de bois,
Le roi revenait de la guerre.
Jambe de bois, casque de fer,
Il claudiquait, mais chantait clair
À la tête de ses soldats.

Soie de Nemours, velours de Troie
La reine attendait sur la tour.
Velours de Troie, soie de Nemours,
La reine était rose de joie
Et riait doux comme le jour.

Souliers troués, fleur au chapeau,
On dansait ferme sur les quais.
Fleur au chapeau, souliers troués,
Le vent faisait claquer l'été
Sur les places comme un drapeau.

Fifres au clair, tambour battant,
Le roi marchait tout de travers.
Tambour battant, fifres au clair,
Il n'avait pas gagné la guerre,
Mais il en revenait vivant.

DEUX

La petite fille

— Petite fille, as-tu mangé ?
— Oui, maman, tout le pain perdu.
— Petite fille, as-tu bien bu ?
— Oui, maman, tout le bol de thé.
— Petite fille, et ton devoir ?
— Je viens de le faire au brouillon.
— Petite fille, et ta leçon ?
— Je la sais depuis hier au soir.
— Petite fille, et ta poupée ?
— Maman, j'ai dû la corriger.
 Elle n'a rien voulu manger,
 Puis elle n'a pas voulu boire,
 Elle n'a pas fait son devoir.
 Quant à réciter sa leçon,
 Elle est plus muette qu'un poisson.

La méchante poupée

Je ne veux pas aller
Jouer dans le jardin,
Je ne veux pas donner
La main au petit chien,
Je ne veux pas manger
Ma tartelette aux pommes,
Je ne veux pas passer
Ma robe de cretonne,
Je ne veux pas m'asseoir
Sur cette chaise-là,
Je ne veux pas le boire,
Mon bol de chocolat.
Je veux pleurer, pleurer
À me fondre les joues.
Je veux pleurer, pleurer,
Et encore pleurer
Jusqu'à la fin du jour.

Ah ! que de merveilles...

Ah ! que de merveilles scintillent
Lorsque danse une goutte d'eau !
Un ange parfois joue aux billes,
Une étoile tombe au ruisseau.
On ne sait jamais quel manteau
De fée courant dans les jonquilles
On peut coudre avec une aiguille
En rêvant derrière un carreau.

Sur la tapisserie

Dans un coin obscur de ma chambre,
    Sur la tapisserie,
Il y a des fleurs qui ressemblent
      À de petites filles.

  Elles s'en vont, claires et sages,
      Se tenant par le bras,
Dans un étrange paysage
      Aux chaumières sans toit.

J'ignore encore trop de choses
      Pour les accompagner
Dans les domaines où l'on ose
      Causer avec les fées.

Mais lorsqu'il pleut, si je m'ennuie,
      Je les fais quelquefois
Sortir de la tapisserie
      Pour jouer avec moi.

Je vois des anges !

Je regarde par la fenêtre,
    Je vois des anges.
Je suis la rue plantée de hêtres,
    Je vois des anges.
Je croise le facteur,
    Je vois des anges.
J'entre chez le couvreur,
    Je vois des anges.
Je reviens par la rue du Pain,
    Je vois des anges.
Je passe alors par le jardin,
    Je vois des anges.
Je cueille une touffe de thym,
    Je vois des anges.
Ensuite, je rentre chez moi,
    Je vois des anges.
Je m'assieds, je me mords les doigts,
    Je vois des anges.
D'aucuns disent : ce sont des fables
    Et bien étranges.
Mais, si leurs mains sont souvent blanches,
Moi, dans leurs yeux, je vois le diable.

Le miracle

L'effleurant à peine du pied,
Un ange traversa la route
Encor tremblante de rosée
Et couvrit de fleurs le pêcher.

Un enfant soudain réveillé
Ouvrit sur lui des yeux immenses
Où l'univers émerveillé
Tenta de prendre conscience.

Car nul ne se doutait de rien.
L'enfant, seul, était aux écoutes.
Un homme bêchait son jardin,
Un chariot suivait la route.

D'où venons-nous ?

— D'où venons-nous ?
— Du fond des temps.
— Que sommes-nous ?
— De pauvres gens.
— Où allons-nous ?
— Où va le vent.

On dirait...

On dirait qu'on entend
    Pleuvoir le temps
Usant les vieilles pierres
    De la rivière ;
On dirait qu'on entend
    Pleuvoir les ans
Qu'emportent doucement
    Les eaux du temps.

TROIS

Le boa

Vous ai-je dit que grand-papa
Avait acheté un boa ?

Non pour le cou de grand-maman,
Avec des plumes, des rubans,

Mais un authentique boa
Venu droit du Nicaragua.

Il aimait manger dans la main
Un coq entier ou un lapin,

Puis s'endormait comme un enfant
N'importe où dans l'appartement.

Pourquoi, me direz-vous, pourquoi
Me parlez-vous de ce boa ?

C'est que, ce matin, grand-papa
Fut étranglé dans son sofa.

À la campagne

Tout pique ici : les graminées,
Les taons, les guêpes, les fourmis.
Vrai, on n'en a jamais fini
De maugréer, de se gratter.

Le matin, ce sont les abeilles
Et, l'après-midi, les moustiques
Lorsque ce n'est pas le soleil
Qui vous recuit comme une brique.

Ajoutez à cela l'ortie,
Le chardon et le gratteron,
Et soyez sûr que j'en oublie.
Je ne compte pas les buissons

Dont les épines vous étrillent,
Ni les fétus ni les cirons.
Comme dit la tante Amélie :
« À la campagne, il fait si bon ! »

Sous les tilleuls...

Sous les tilleuls,
La lune embaume.
Joie d'être seul
Dans la nuit jaune.
Joie de surprendre
Sur la bruyère
La fuite tendre
De la lumière.
Joie d'évoquer
Un pas léger
Qui ne peut vivre,
Transfiguré,
Que dans mes livres.

Oui, les glaces...

Oui, les glaces vont fondre,
Les cerceaux refleurir.
Déjà mes belles ombres
Commencent à courir
Et jusqu'où les suivrai-je ?
Les songes sont colliers
De soleil et de neige.

Étrange mois d'avril

Hier soir, il tombait de la pluie.
Avant-hier, c'était de la neige.
Il pleut du soleil aujourd'hui.
Demain, ce sera de la grêle,
Du brouillard, du vent, du grésil,
Des violettes, des abeilles,
Des plumes pour les nids, que sais-je !
En cet étrange mois d'avril,
Il faut vraiment s'attendre à tout.
Que dis-je ! revoilà l'ondée
Et, là-bas, au-dessus des houx,
Un premier lambeau d'arc-en-ciel.
Tiens ! il pleut des chants de coucou.
Il n'y a vraiment que les sous
Qui ne pleuvent jamais du ciel !

Si seul

Pourquoi suis-je si seul, mon chat,
Si seul lorsque tu n'es pas là ?

Tu ne fais pourtant aucun bruit.
Tu dors, fermé comme la nuit.

Tu ne tiens guère plus de place
Que mon plus gros livre de classe.

Et qui croirait que tu respires
Bercé comme un petit navire ?

Alors pourquoi, pourquoi, mon chat,
Suis-je tout autre quand je vois,

Sur mon papier blanc, le soleil
Tailler l'ombre de tes oreilles ?

Prière

Sainte Marie, protégez-moi,
Ma mère, ma sœur et mon papa.
N'oubliez pas mon petit chat,
Et qu'il attrape un petit rat
Que vous ne protégerez pas.

Le guet

Un vieux renard guettait un loir
Qui guettait lui-même un martin-
Pêcheur guettant dans le miroir
De l'étang vert un alevin
Qui guettait un petit ver noir.

Mais, près de l'orée, un chasseur
Guettait le renard trop madré
Sans se douter que le seigneur
Le guettait lui-même, accoudé
Près de la barrière du pré.

Le corbeau

« Que le roi devienne corbeau ! »
Dit un gueux qui rêvait tout haut,
Les yeux fixés sur Bételgeuse.
Et ce roi devint un corbeau
Qui croassa d'une voix creuse
Et s'envola vers les Gémeaux.

Il est dangereux de rêver
Seul à seul avec une étoile...

Et il est heureux pour le roi
Qu'un enfant, qui rêvait tout bas
À plus de treize lieues de là,
Dise en voyant passer une aile
Immense et noire sur le ciel :
« Que ce corbeau devienne roi ! »

La panthère noire

Noire, mais noire à rendre noire,
En en délayant une part
Au fond d'une écritoire,
La plus blanche des brebis blanches.

Comme elle n'a pas de couleur,
C'est pour elle que le Seigneur
A rassemblé dans ses prunelles
Toute la profondeur du ciel.

Se peut-il que tant d'innocence
 — Elle a le regard vert des anges —
Tue avec tant de cruauté

Et que sa patte veloutée
À caresser un bouton-d'or
Soit le sceau même de la mort ?

QUATRE

Le chat et le soleil

Le chat ouvrit les yeux,
Le soleil y entra.
Le chat ferma les yeux,
Le soleil y resta.

Voilà pourquoi, le soir,
Quand le chat se réveille,
J'aperçois dans le noir
Deux morceaux de soleil.

Rire

Rien à dire ?
Si pardi !
Qu'il faut rire,
Rire ici,
Rire au chien,
Au hibou,
Rire à rien,
Rire à tout,
Aux nuages,
Aux vieux houx,
Rire en sage,
Rire en fou.
Rire à faire
Une terre
De lumière.
Rire aux cieux,
Qu'ils soient bleus
Ou ternis
Par la pluie.
Rire enfin
Quand la fin
N'est pas loin.

Rire encor
Quand la mort
Prend son cor
Et nous suit.
Rire à Dieu
Qui fait, lui,
Ce qu'il veut.

Le monde est neuf

Oui, à chaque œuf,
Le monde est neuf.

À chaque branche,
Le jour se penche.

À chaque pain,
Rit une main.

À chaque combe,
S'accroche une ombre.

À chaque voile,
Monte une étoile.

À chaque aiguille,
Le temps scintille.

À chaque nuit,
L'amour suffit.

Petite pluie d'été

Petite pluie d'été,
Petite pluie que j'aime
Tombe sur les ramiers,
Tombe sur les troènes,

Tombe sur les brebis
Rentrant du pâturage,
Tombe sur moi aussi
Qui lui tends mon visage.

Puis elle prend la nuit
Doucement par la manche
Et doucement se penche
Sur la route qui luit.

Petite pluie que j'aime,
Petite pluie d'amour,
Efface les troènes,
Les ramiers, le grand jour,

Efface les brebis,
Efface les visages
Et laisse le village
Entrer seul dans la nuit.

L'orage

Debout près d'un bouleau, je vois foncer l'orage,
Le vent cingler les eaux paisibles du ruisseau,
Les villages courber, ainsi que des taureaux,
Leur dos gras et bourru sur les grands pâturages.
Moi, je ne pense à rien. Je laisse les odeurs
Envahir les recoins les plus nus de mon cœur.

Le ver luisant

Doux ver luisant,
Rosée du soir
Au vent dormant,
Pour quel enfant
Fais-tu pleuvoir
Ces pleurs de lune,
Ces fins miroirs
Que tu allumes
Dans le bois noir ?

Mon cactus

Le soleil est rose, l'hiver,
Et mon chat, tout noir, sur la neige.
Les arbres partent en cortège
Comme pour fuir ce blanc désert.
Mais bien à l'abri dans la serre,
Mon petit cactus est tout vert
Et il pique mieux que la bise
Quand je le touche par surprise.

Ton poème

Ton poème, m'a dit l'enfant,
J'en ferai un petit bateau,
Et il ira si loin sur l'eau
En bavardant avec les vents,
Il contournera tant d'îlots
Qu'il rencontrera le cobra
Qui joue de la flûte d'ébène
Pour faire danser les rajahs
Dont tu parles dans ton poème.

Le vent parle...

Le vent parle, le vent revient.
Amis, ne me dites plus rien.
Il va pleuvoir, il va neiger.
Que de visages vont changer !
Le vent parle, le vent revient,
Le vent bat comme un cœur léger.
Il fait doux et clair ce matin ;
Que de rêves je vais rêver !...

Comme il fait blanc

Comme il fait beau, comme il fait blanc !
        Il a neigé.
Sur les jardins et sur les bancs,
Il y a des milliers de moutons.
        Ils ont brouté
        Tout l'horizon.
Le ciel est tombé sur les champs.
Comme il fait blanc, comme il fait beau !
Mais où vont venir se poser
Les oiseaux qui tournent là-haut ?
On ne distingue même plus
Un fossé d'un arbre abattu.

Tout est calme, si calme !

Tout est calme, si calme !
La neige verticale
Tombe dans l'hiver blanc.
On dirait que le vent
Agite doucement
Le ciel comme une palme.
Tout est calme, si calme !
L'étang sur la campagne
Gît comme un poisson blanc ;
Les champs, tels des chalands,
S'endorment, nonchalants,
Sur une mer étale.
Aux vitres bleues, s'écrasent
Des visages d'enfants.
Interminablement,
La neige verticale
Tombe dans l'hiver blanc.

Après le beau temps...

Après le beau temps,
La pluie ;
Après l'oiseau bleu,
La pie.

Après les rumeurs,
La lune ;
Après l'arbre en fleurs,
La prune.

Après les vendanges,
Les fables ;
Après les archanges,
Les diables.

Mais après l'école,
Le jeu,
Et, sur nos joues folles,
Le feu.

Homonymes

Il y a le vert du cerfeuil
Et il y a le ver de terre.
Il y a l'endroit et l'envers,
L'amoureux qui écrit en vers,
Le verre d'eau plein de lumière,
La fine pantoufle de vair
Et il y a moi, tête en l'air,
Qui dis toujours tout de travers.

CINQ

Il porte un oiseau...

Il porte un oiseau dans son cœur,
L'enfant qui joue des heures, seul,
Avec des couronnes de fleurs
Sous l'ombre étoilée du tilleul.
Il semble toujours étranger
À ce qu'on fait, à ce qu'on dit
Et n'aime vraiment regarder
Que le vert calme du verger.
Autour de lui, riant d'échos,
Le monde est rond comme un cerceau.

Marie et moi

Marie et moi, on s'aime bien.
Nous partageons nos petits pains.

Se trompe-t-elle de chemin ?
C'est moi qui la prends par la main.

Elle rit parfois pour un rien.
Je la laisse rire sans fin.

Je ne suis qu'un jeune gamin,
Mais, quand je la tiens par la main,

Je me sens brusquement capable
De tenir tête même au diable.

N'empêche que j'ai peur des chiens,
Et si, par hasard, il en passe,

C'est toujours Marie qui les chasse.
Et c'est elle, sur le chemin,

Qui me reprend alors la main.
Marie et moi, on s'aime bien.

Nous nous sentons, dans le matin,
Les deux moitiés d'un même pain.

Qui donc me fait tourner...

Qui donc me fait tourner, tourner
Comme une feuille sur le pré,

Tourner, tourner pour m'emporter
Plus haut que le coq du clocher ?

Ô joie, je sais bien que c'est toi,
Mais je suis si lourde en tes bras

Que, ne pouvant me soulever,
Tu me fais tourner et tourner,

Soûlée par l'odeur des verveines,
Sans me laisser reprendre haleine.

La rose

Je porte une rose en mon cœur,
Une rose née au soleil,
Une rose qui est pareille
À un petit feu de douceur.
Mais, dis-moi, connais-tu l'abeille
Qui est la clef de mon bonheur ?

On dirait que l'hiver tombe...

On dirait que l'hiver tombe ;
Tous les toits sont déjà gris ;
Il pleut deux ou trois colombes,
Et c'est aussitôt la nuit.

Un seul arbre, comme un clou,
Tient le jardin bien au sol.
Les ombres font sur les joues
Comme des oiseaux qui volent.

L'air est plein d'étoiles blanches,
La Noël est pour lundi,
Qu'il sera long, le dimanche
Que nous passerons ici !

Noël

Est-ce un petit enfant
Ou bien de la lumière
Qui sourit en dormant ?
Toute âme devient claire
Rien qu'en le regardant.

Où...

Où la journée n'est plus
Qu'un panier de soleil,

Où les enfants refondent
Sans fin le chant du monde,

Où les vols d'hirondelles
Passent sous l'arc-en-ciel,

Où les cloches n'annoncent
Que de bonnes nouvelles,

Où la paix rit à l'aise
Assise sur sa chaise,

C'est là, seulement là
Que je me sens chez moi.

Il fait doux

Il fait intime et doux.
Personne sur la plage.
Le ciel semble à genoux
Au bord du paysage.

La mer est là, immense.
Mais ici, près de nous,
On la prendrait vraiment
Pour une enfant qui joue.

Des goélands repassent,
Lents, si lents qu'ils ressemblent
À de blancs cerfs-volants.

La dune ouvre son livre
Tout doré que les heures
Se plaisent à relire.

La nuit tarde à venir.

Reflet des choses

Je suis le reflet des choses ;
Je ris jusqu'au bout des doigts.
Je ne suis ni vert ni rose,
Je suis vous et je suis moi.

Hé ! je me métamorphose
Parfois en petit Chinois,
Je suis le reflet des choses ;
Je ris jusqu'au bout des doigts.

Oui, je ris, je ris sans cause
De tout, de vous et de moi.
Jamais je ne me repose.
Je luis partout à la fois.
Je suis le reflet des choses.

C'est une journée

C'est une journée qui s'écoule
Après des milliers de journées
Comme un petit marron qui roule
Sous le châtaignier des années.
C'est une journée qui s'en va,
Toute seule, sans fin, là-bas,
Où s'en vont toutes les journées
Et qui n'a même pas le droit
De tourner un moment la tête
Pour voir la trace de ses pas.

Je suis là...

Je suis là où la pluie commence,
Je suis là où la pluie finit.
Je suis la paix et le silence,
La source reflétant la nuit.
Ne me demandez pas pourquoi
Je vois les arbres me sourire,
Les fauvettes fondre de joie,
Le ciel de juin s'approfondir,
Pourquoi je me sens comme un champ
Où, dès l'aube déjà, l'on sème
Autant de joie que de froment.

Juillet revient

Juillet revient. L'orge est déjà si belle !
Le caillou, dans la main, redevient hirondelle.

Et tout est clair et doux et merveilleux ;
Ce petit vent qui court là-bas vient droit de Dieu.

Ne vois-tu pas qu'au bord de ce toit rouge,
Le soleil se balance et que les tuiles bougent ?

La roue des chars fait gicler la lumière.
On entend pépier, dans la mousse, les fraises.

Juillet revient. L'orge est déjà si belle !
Le ciel est pris dans le lasso des hirondelles.

Le bois fleurit. L'air est plein de clés d'or.
Que vivre est bon ! Toutes les guêpes sont dehors.

SIX

Le livre de prix

Ma grand-mère m'avait donné
Un livre avec des coquillages,
Un livre de prix tout doré
Dont je tournais sans fin les pages.

On ne voyait sur les images
Rien que du ciel et de la mer
Et, tel un pont fait de lumière,
L'horizon voûté de nuages.

Des méduses se décoiffaient
À fleur d'eau, et des hippocampes
Semblaient écrire sous ma lampe
De beaux devoirs à l'imparfait.

C'était le temps des grands voyages :
J'étais Colomb et Magellan.
Ma grand-mère avait un visage
Doux comme une île Sous-le-Vent.

Le cheval

Et le cheval longea ma page.
Il était seul, sans cavalier,
Mais je venais de dessiner
Une mer immense et sa plage.

Comment aurais-je pu savoir
D'où il venait, où il allait ?
Il était grand, il était noir,
Il ombrait ce que j'écrivais.

J'aurais pourtant dû deviner
Qu'il ne fallait pas l'appeler.
Il tourna lentement la tête

Et, comme s'il avait eu peur
Que je lise en son cœur de bête,
Il redevint simple blancheur.

La porte fermée

Le roi vint pour ouvrir la porte
Avec son sceptre et sa clef d'or.
Le roi vint pour ouvrir la porte.
Il lui fallut rester dehors.

La reine vint avec l'anneau,
La clef d'argent et son camée.
La reine vint avec l'anneau,
Mais la porte resta fermée.

Puis vint un mage avec sa pie,
Ses talismans et sa clef rouge.
Puis vint un mage avec sa pie,
Mais aucun des verrous ne bouge.

Lors, on manda le serrurier
Avec les mille clefs du monde.
Lors, on manda le serrurier.
La porte ne frémit d'une ombre.

Alors, un pauvre homme arriva
Par hasard devant cette porte.
Alors, un pauvre homme arriva
Et il l'ouvrit sans embarras
Avec un simple bout de bois.

L'homme et l'enfant

Ce n'est qu'un homme et un petit enfant
    Dans une allée d'automne,
Un homme et un enfant s'en allant, souriant,
    Sous une pluie de feuilles jaunes.

Ils ne se disent rien. L'enfant regarde
    L'homme qui lui sourit.
Et ils s'en vont, main dans la main, sous les grands
                                      [arbres
        Vers un toit qui reluit.

Sur les arbres montrant obstinément leurs nids,
    Le ciel se dore comme un fruit.
Ce n'est qu'un homme et un petit enfant.

Et l'on dirait que, tout joyeux, l'automne,
    Marche devant eux en semant
    Du soleil et des feuilles jaunes.

L'artiste

Il voulut peindre une rivière ;
Elle coula hors du tableau.

Il peignit une pie-grièche ;
Elle s'envola aussitôt.

Il dessina une dorade ;
D'un bond, elle brisa le cadre.

Il peignit ensuite une étoile ;
Elle mit le feu à la toile.

Alors, il peignit une porte
Au milieu même du tableau.

Elle s'ouvrit sur d'autres portes,
Et il entra dans le château.

Le sanguinaire

Il avait des yeux de jaguar
Avec des taches de soleil,
De longues dents aiguës, pareilles
À une rangée de poignards.

Il fallait donc qu'il tue et morde
Puisqu'il était né pour cela
Et qu'il ne fît miséricorde
À personne sous aucun toit.

On entendait partout le monde
Se plaindre à cent lieues à la ronde.
Mais on eut beau geindre et crier,

Orner de gui les chandeliers,
Dieu ne change pas son tableau
Pour un peu d'ombre au fond de l'eau.

L'ogre

Que la forêt était obscure
Et le grand château, accueillant !
Qu'il était bien dans ce lit blanc
À l'abri de ces arbres durs !

Dieu ! qu'il avait eu peur des loups,
Des reflets froids du clair de lune
Et de toutes ces formes brunes
Qui surgissaient parfois des houx !

Las ! ce ne fut que lorsqu'il vit
L'ogre entrer, les yeux pleins de nuit
Sous sa toque fourrée de daim,

Qu'il comprit pourquoi la lumière
Qu'il avait aperçue de loin
Paraissait si hospitalière !

SEPT

La mer est partout

J'ouvre la fenêtre.
Devant moi, la mer.

Un vol de mouettes !
Sous elles, la mer.

Des gens se rassemblent.
Derrière eux, la mer.

Je sors de ma chambre.
Près de moi, la mer.

Un bateau navigue.
À sa proue, la mer.

Je rejoins la digue.
La mer est au bout.

Je descends la dune.
La mer est partout.

Mais, comme la lune,
Il est cependant

Ici des passants
Qui ne la voient plus.

Rose

À un, à deux,
L'on est heureux.
On ne sait plus de quoi l'on cause,
On est heureux de peu de chose.

Des filles rient
À l'étourdie.
Le ciel fleurit comme une rose
Sur la simplicité des choses.

Des marins gais
Quittent le quai,
Une rose rouge au béret,
Sans prendre garde au temps qu'il fait.

Très haut, des nues
Jouent toutes nues,
Jouent à la corde, toutes roses,
Avec l'horizon et la côte.

Les goélands
Rentrent au vent.
Eux aussi se métamorphosent
Qui passent blancs et rentrent roses.

Même la nuit
Arrive rose
Et sème à plein semoir, sans bruit,
Les étoiles à l'infini.

Le printemps reviendra

Hé oui, je sais bien qu'il fait froid,
Que le ciel est tout de travers ;
Je sais que ni la primevère
Ni l'agneau ne sont encor là.

La terre tourne ; il reviendra,
Le printemps, sur son cheval vert.
Que ferait le bois sans pivert,
Le petit jardin sans lilas ?

Oui, tout passe, même l'hiver,
Je le sais par mon petit doigt
Que je garde toujours en l'air.

N'entends-je pas frémir en moi
Un pré naïf et recueilli
Autour de son clocher fleuri ?

Jour d'été

Le soleil rit dans le ciel,
Le soleil rit sur la mer,
Partout ivre et torrentiel,
Partout nu comme une chair.

Et les barques sur la mer,
Les nuages sur le ciel,
Dans les mains de la lumière,
Ont fondu comme du sel.

Sans fin, des clartés défont
Puis refont les horizons,
Et les vagues sont si belles

Qu'on ne s'étonnerait pas
De voir refleurir sur elles
De longues haies de lilas.

Plein soleil

Le soleil est aux bains, le soleil est aux plages.
Qu'attendez-vous, terriens, à l'ombre de vos toits ?
Les mouettes ne parlent plus que de voyages.
Il est temps de laisser la bêche à son sol froid.

Les maillots de couleur, sur le sable brûlant,
Font des fleurs plus jolies que celles des avoines.
Les femmes ont des corps de miel et de safran.
Les enfants sont plus vifs que des airs de sardanes.

Les parasols sont verts, les cabines sont bleues,
Les coquillages blonds se constellent de feux,
Des ânes vont trottant dans un bruit de sonnailles.

Tout va, tout rit, tout vient, tout court, tout luit,
                                            [tout bouge
Et, dressé sur le quai tel un coq sur la paille,
Un drapeau, sans arrêt, jette son grand cri rouge.

Le mur est blanc...

Le mur est blanc ; la grille, rose
    Et, au-dessus du seuil,
On entend glisser sur les roses
    L'ariette d'un bouvreuil.

Sur une porte jamais close,
    Tremble l'ombre des feuilles.
Le bonheur est un écureuil
    Qui vit de peu de chose.

Parfois un long rire d'enfant,
Dans l'odeur du café brûlant,
Vient danser jusque sur la route

Et, suspendu par les oiseaux
De ses érables au coteau,
Tout le village est aux écoutes.

La rose et le marin

Une rose aimait un marin.
— Il est ainsi d'étranges choses —
Le marin n'aimait pas la rose ;
Il n'aimait que le romarin.

Il partit sur le « Marie-Rose »,
Traversa l'océan Indien.
Et rien d'étrange à cette chose :
Un marin va toujours très loin.

Mais en débarquant à Formose,
Il vit, l'attendant dans un coin,
Une femme habillée de rose
Tenant en main du romarin.

Que faire en cet état de chose
Surtout lorsque l'on est marin
Et qu'on devine mal la cause
De cette ruse du destin ?

On parle de métempsycose,
Mais personne n'est sûr de rien.
Nul n'a revu la femme en rose
Et nul n'a revu le marin.

La pluie, à l'infini

La pluie, à l'infini,
Tombe au loin sur la mer,
Tombe au loin sur la terre,
Tombe là, tombe ici,

Tombe dans cette chambre,
Tombe dans mon miroir,
Sur la table, la lampe,
Le divan et l'armoire,

Tombe au fond de mes yeux,
Tombe au fond de mon cœur,
Tombe autant qu'elle peut
Durant tant et tant d'heures

Que, dans le vent qui claque,
Je ne suis plus ici
Qu'une petite flaque
Qui stagne dans la nuit.

Il pleut sur la Seine

Depuis des semaines,
Il pleut sur la Seine.
Assis sur un banc,
Je chante pourtant
La faridondaine.
Pourquoi m'en ferais-je ?
Qu'il pleuve ou qu'il neige,
J'écoute mon cœur.
Comme moi, il aime
Chanter dans la pluie
De vieilles rengaines
Où il pleut ainsi
Depuis des semaines ;
Où il pleut aussi
Au bord de la Seine.

HUIT

Ma Mère

J'ai de toi une image...

J'ai de toi une image
Qui ne vit qu'en mon cœur.
Là, tes traits sont si purs
Que tu n'as aucun âge.

Là, tu peux me parler
Sans remuer les lèvres,
Tu peux me regarder
Sans ouvrir les paupières.

Et lorsque le malheur
M'attend sur le chemin,
Je le sais par ton cœur
Qui bat contre le mien.

Te remercierai-je jamais assez...

Te remercierai-je jamais assez
De m'avoir mis au monde
Et de m'avoir donné
Tant d'arbres à aimer,
Tant d'oiseaux à cueillir,
Tant d'étoiles à effeuiller,
Tant de mots à faire chanter,
Tant de cœurs à comprendre,
Tant de jeunes filles à entendre,
Tant de mains d'hommes à serrer
Et une âme de petit enfant
Qui ne demande à l'existence
Qu'un peu de brise pour son cerf-volant.

On ne sait pas si ce sont les chaises...

On ne sait pas si ce sont les chaises
Avec leur bon visage de paille,

Les mésanges qui se chamaillent
Dans l'ombre fraîche de la haie

Ou la claire rangée de hêtres
Qu'on voit d'ici par la fenêtre,

Si ce sont les moutons familiers
Qui broutent l'or du calendrier

Ou le sourire de ma mère
Qui coud, assise dans la lumière,

Qui font ce bonheur simple et doux
Comme une pomme sur la table

Et cette paix si admirable
Qu'on se jetterait à genoux.

Simples choses

Que vous m'aimez, ô simples choses
Qui, dans la candeur du matin,
Parfumez cette chambre close
Comme des roses au jardin !

Le couteau qui luit sur la nappe
D'avoir longtemps coupé le pain,
Le marteau pesant qui ne frappe
Que pour être utile à la main,

L'horloge qui compte pour nous
En balançant l'or de sa tresse
Et qui nous est une caresse
De vie toujours au rendez-vous,

Et la table si bien carrée,
Si bien taillée dans l'éternel
Qu'à poser le coude sur elle
On se sent calme et rassuré.

NEUF

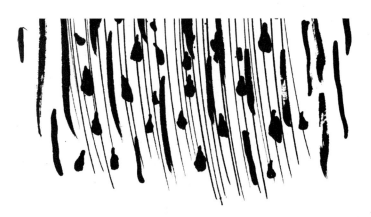

Il pleut

Il pleut sur les longs toits de tuiles,
Il pleut sur les fleurs du pommier,
Il pleut une pluie si tranquille
Qu'on entend les jardins chanter.

Il pleut comme au temps de Virgile,
Comme au temps de Berthe aux longs pieds,
Il pleut sur les longs toits de tuiles,
Il pleut sur les fleurs du pommier.

Il pleut du bleu doux sur la ville,
Il pleut et, dans le ciel ouaté,
Tous les colombiers sont mouillés.
Les pigeons semblent, sur les tuiles,
Des bouquets de fleurs de pommiers.

Comment te dire ces merveilles ?

Comment te dire ces merveilles ?
Je sors de moi comme une abeille
Étincelle entre deux rameaux.
Comment te dire ces merveilles ?
Je luis sous mon propre soleil
Et je suis mon propre château.
Comment te dire ces merveilles ?
Aujourd'hui je me sens pareil
À une aube montant des eaux.

Comme tout est simple

Comme tout est simple, mon Dieu !
Ce nuage sur le mélèze,
Cette vache dans le pré bleu,
Au bord du sentier cette fraise.

Ainsi, je suis devenu sage
Sans même m'en être aperçu.
Des jours disparus, je n'ai plus
Que les clartés sur le visage.

Et mon cœur est aussi à l'aise,
Aussi calme en vos mains, mon Dieu,
Que ce nuage, ce mélèze,
Cette vache dans le pré bleu.

Le blé est blond...

Le blé est blond. L'abeille est blonde.
La croûte du pain frais est blonde.
La compote, au creux du bol rond,
Et le miel sur le pain sont blonds.

Et la pluie au soleil est blonde
Et le soleil est l'enfant blond
Qui offre en ses mains de lumière
De délicieuses choses blondes.

Comment ne serais-tu pas blonde ?

Tu es la saveur de mon pain...

Tu es la saveur de mon pain,
Le dimanche de ma semaine,
Tu es la ligne du destin
Que l'on peut lire dans ma main,
Tu es ma joie, tu es ma peine,
Tu es ma chanson, ma couleur
Et, dans la douceur de mes veines,
Le sang qui fait battre mon cœur.

DIX

Je le sais bien, Seigneur...

Je le sais bien, Seigneur,
Que vous êtes le cœur
Qui fait battre mon cœur
D'un si doux battement,
Que vous êtes la peine
Qui chante dans mes veines,
Que vous êtes la joie
Qui pleure au fond de moi.

Mais n'êtes-vous aussi
Ce désir qui me brise
D'être oiseau dans la brise
Ou cerise qui luit,
D'être ce qui jaillit
De la terre en la source,
De la biche en sa course,
De l'enfant dans son cri.

N'êtes-vous cet appel
Qui creuse un puits de ciel
Où mes colombes noires
Longuement viennent boire,
Cette attente suprême
De me quitter sans fin
Et de me perdre enfin
Dans les êtres que j'aime.

Je ne me connais plus moi-même...

Je ne me connais plus moi-même.
Mon âme va se dénudant.
Je suis à la merci du vent
Qui se lève dans mes poèmes,
À la merci du premier mort
Qui me traverse à l'improviste,
À la merci d'un arbre tors,
D'un chien errant, d'un regard triste.

Je ne dis que le pain
qu'on coupe

Je ne dis que le pain qu'on coupe
En le tenant bien contre soi,
Le café qui brûle les doigts
Quand l'aube, aux fenêtres s'égoutte,
La faucille d'une hirondelle
Dans la rue où siffle déjà
Un jeune ouvrier dont l'échelle
Le fait planer au bord des toits.

La bise

« Ce sont des feuilles mortes »,
Disaient les feuilles mortes
Voyant des papillons
S'envoler d'un buisson.

« Ce sont des papillons »,
Disaient les papillons
Voyant des feuilles mortes
Errer de porte en porte.

Mais la bise riait
Qui déjà les chassait
Ensemble vers la mer.

Je suis éternel

Un art poétique ?
Non, je n'en ai pas.
Et je n'aime pas
La métaphysique.

Les mots que j'emploie ?
Tous ceux que ma mère
Disait autrefois
Droite en la lumière.

Et Dieu, que vient-il
Faire en tout cela ?
Me montrer les fils
Que je ne vois pas.

La mort ? Que dit-elle ?
Mais tant que je vis,
Que je mange et ris,
Je suis éternel.

MAURICE CARÊME

Maurice Carême naquit à Wavre, dans le Brabant, en 1899. La Belgique était sa patrie, mais la poésie lui fut un autre pays natal et une seconde langue maternelle où s'exprimaient spontanément et son esprit et son cœur. D'abord enseignant, il se retira en 1943 pour se consacrer à la littérature. Depuis son premier livre, en 1925, il publia plus de soixante recueils de poèmes, contes et romans dont certains s'adressaient aux enfants. Des artistes illustrèrent ses œuvres ; Darius Milhaud, Francis Poulenc et beaucoup d'autres compositeurs de son temps les mirent en musique. Il mourut en 1978, comblé de prix littéraires et couronné « prince en poésie ».

Table des poèmes

	Balle au bond	9
UNE	Ronde	13
	La Marjolaine	14
	Au bois	16
	Le jeu de cartes	17
	Le beau cordonnier	18
	Le retour du roi	19
DEUX	La petite fille	23
	La méchante poupée	24
	Ah ! que de merveilles...	25
	Sur la tapisserie	26
	Je vois des anges !	27
	Le miracle	28
	D'où venons-nous ?	29
	On dirait...	30

TROIS	Le boa	33
	À la campagne	34
	Sous les tilleuls...	35
	Oui, les glaces...	36
	Étrange mois d'avril	37
	Si seul	38
	Prière	39
	Le guet	40
	Le corbeau	41
	La panthère noire	42
QUATRE	Le chat et le soleil	45
	Rire	46
	Le monde est neuf	48
	Petite pluie d'été	49
	L'orage	50
	Le ver luisant	51
	Mon cactus	52
	Ton poème	53
	Le vent parle...	54
	Comme il fait blanc	55
	Tout est calme, si calme !	56
	Après le beau temps...	57
	Homonymes	58
CINQ	Il porte un oiseau...	61
	Marie et moi	62
	Qui donc me fait tourner...	64
	La rose	65
	On dirait que l'hiver tombe...	66
	Noël	67

	Où...	68
	Il fait doux	69
	Reflet des choses	70
	C'est une journée	71
	Je suis là...	72
	Juillet revient	73
SIX	Le livre de prix	77
	Le cheval	78
	La porte fermée	79
	L'homme et l'enfant	80
	L'artiste	81
	Le sanguinaire	82
	L'ogre	84
SEPT	La mer est partout	87
	Rose	88
	Le printemps reviendra	90
	Jour d'été	91
	Plein soleil	92
	Le mur est blanc...	93
	La rose et le marin	94
	La pluie, à l'infini	95
	Il pleut sur la Seine	96
HUIT	Ma Mère	
	• *J'ai de toi une image*	99
	• *Te remercierai-je jamais assez...*	100
	• *On ne sait pas si ce sont les chaises*	102
	Simples choses	103

NEUF	Il pleut	107
	Comment te dire ces merveilles ?	108
	Comme tout est simple	109
	Le blé est blond...	110
	Tu es la saveur de mon pain...	111
DIX	Je le sais bien, Seigneur...	115
	Je ne me connais plus moi-même...	116
	Je ne dis que le pain qu'on coupe	117
	La bise	118
	Je suis éternel	120

Composition JOUVE – 53100 Mayenne
N° 313643u
Imprimé en Italie par G. Canale & C.S.p.A.-Borgaro T.se (Turin)
Décembre 2002 - Dépôt éditeur n° 27588
32.10.2081.1/01 - ISBN : 2.01.322081.2
Loi n° 49-956 du 16 juillet 1949 sur les publications destinées à la jeunesse
Dépôt légal : janvier 2003